ACTE D'ASSOCIATION

DES

OUVRIERS TAILLEURS

DU

DÉPARTEMENT DU RHONE.

Le travail est la source des biens :
Misère pour qui ne produit rien.
GÉNIOLE.

RÉPUBLIQUE FRANÇAISE

UNION FORCE

LIBERTÉ ÉGALITÉ FRATERNITÉ

—

PRIX : **15 centimes.**

—

LYON, LE 1ᵉʳ AVRIL 1849.

1849

ACTE D'ASSOCIATION

DES

OUVRIERS TAILLEURS

Du Département du Rhône.

━━━━━━━━━━━━━━━

CITOYENS ET FRÈRES,

Plus de révolutions à main armée ; que le progrès seul soit notre guide, et qu'une fois pour toutes nous nous souvenions que rien n'est que par nous ; et que comme Dieu est créateur, nous sommes tous producteurs ; qu'à nous seuls appartient le droit de faire l'aumône, et non de la recevoir de la main même de celui à qui nous l'avons faite.

Que la parole du Christ soit de nous comprise ; car Jésus a dit : Tout arbre qui ne produit rien prend sa part de sève, comme celui qui produit ; donc, il est nuisible, et doit être jeté au feu.

Car, *liberté, égalité, fraternité*, ces principes régénérateurs, sanctionnés par la révolution de Février, ne doivent pas servir de bases seulement à l'organisation politique, ils doivent encore présider à toute organisation industrielle.

Les travailleurs ont été esclaves, serfs, puis salariés ; aujourd'hui ils doivent être associés, parce que l'association est l'application directe de la *liberté*, de l'*égalité*, et de la *fraternité*.

C'est dans ce but que nous avons arrêté ce qui suit :

Considérant que les associations ne peuvent se former que dans leur industrie respective, et par la suite se réunir et ne former qu'un seul et même corps, c'est-à-dire, tout un peuple de travailleurs et de frères rendant vrais les trois sublimes symboles inscrits sur notre drapeau et en tête de notre Constitution.

Le capital, cet instrument de travail si puissant aujourd'hui pour les travailleurs, parce qu'il leur a toujours manqué, une fois acquis, nous devons en déterminer l'emploi de la manière la plus profitable pour tout fruit de l'Association ; il doit appartenir même aux principes de l'Association. Sa destination est donc fixée à l'avance : 1º à assurer le succès de l'association ; 2º à étendre nos opérations ; en un mot, à garantir le travail à tous ses membres.

Ainsi donc, il s'agit de mettre en pratique des principes qui jusqu'alors ont resté dans l'état de théorie, mais il faut tenir compte de l'état actuel de la société.

Il faut, pour que l'association ne soit pas mise en péril chaque jour, constituer, conformément aux prescriptions du Code, une Société basée sur la *liberté*, l'*égalité*, et la *fraternité*.

TRIPLE DIFFICULTÉ.

Quel est pour nous le problème à résoudre ?

De même qu'il y a une triple difficulté à vaincre, il y a un triple problème à résoudre.

1º — Assurer autant que possible l'indépendance du travailleur, en lui garantissant la possession des instruments de travail.

2º — Donner à chacun un travail en rapport avec ses forces et ses capacités, répartir équitablement entre tous les produits du travail.

3º — Substituer à l'individualisme, à la concurrence : l'union, la solidarité, et mettre en pratique la fraternité.

La tâche est difficile ; mais si nous l'avons entreprise avec courage, c'est qu'elle nous était imposée par notre cœur. Lorsqu'on peut être de quelque utilité à ses semblables, hésiter est un crime.

Nous croyons compter sur le concours des hommes de bonne volonté ; de ceux qui veulent sincèrement l'affranchissement des travailleurs.

DU TRAVAIL.

—

TITRE PREMIER.
DE LA FORMATION DE LA SOCIÉTÉ.

ARTICLE PREMIER.

Il est formé entre les ouvrières et les ouvriers tailleurs du département du Rhône une Association, ayant pour titre : *Association fraternelle et égalitaire.*

ART. 2.

Son objet est l'entreprise de tous les travaux concernant l'habillement d'hommes.

ART. 3.

Sa durée sera de quatre-vingt-dix-neuf ans, à partir du jour où les présents Statuts auront été approuvés par l'autorité compétente. Son siège est fixé à Lyon; et au fur et à mesure que le développement de l'Association s'opérera, des succursales seront établies dans les villes dépendantes du département.

ART. 4.

Le nombre des membres est illimité, et comprend tous les adhérents à l'Association, à la condition de satisfaire aux Articles d'autre part mentionnés.

ART. 5.

Tout tailleur désirant faire partie de l'Association devra, à cet effet, faire une demande au Comité d'Association.

ART. 6.

Toute adhésion sera soumise au Conseil de famille.

ART. 7.

Le Comité de direction aura, par exception, le droit d'admettre comme associé, et bien qu'étranger à la corporation des tailleurs, tout employé qui en fera la demande.

Mais l'admission ne pourra être prononcée qu'autan

que ledit employé aura travaillé pendant six mois consécutifs au moins pour le compte de l'Association, et qu'il aura donné des preuves de capacité, d'activité et de zèle dans l'exercice de ses fonctions, et qu'il satisfera, en outre, aux conditions exposées par l'article précédent.

Art. 8.

Tout employé à l'Association ne pourra faire absence de ses fonctions sans en avoir fait une demande au Comité; à défaut de cette demande, il sera passible d'une amende indéterminée.

TITRE II.

CAPITAL ET APPORTS SOCIAUX.

Art. 9.

L'apport des Associés consiste dans leurs connaissances et leurs travaux.

Art. 10.

Du montant des retenues faites sur leurs travaux dans l'Association.

Art. 11.

Des bénéfices réalisés de chacun des associés.

TITRE III.

DE LA DIRECTION.

Art. 12.

L'Association est régie par un Comité, dit de Direction, composé de quinze membres, élus en Assemblée générale, au scrutin secret et à la majorité absolue des suffrages ;

Plus, de cinq membres suppléants, élus de la même manière.

Art. 13.

Le Comité directeur a le droit d'agréer tous employés et de fixer leurs appointements.

Art. 14.

De prescrire tous achats et toutes ventes, et d'en arrêter les conditions.

Art. 15.

D'ordonner tous paiements, et de faire faire toutes recettes.

Art. 16.

De faire convoquer l'Assemblée générale quand besoin sera, concernant la Direction.

Art. 17.

De représenter la Société partout où ses intérêts l'exigent, tant en justice qu'ailleurs; en un mot, de souscrire tous actes à la charge ou à la décharge de l'Association.

Art. 18.

Les décisions du Comité de direction ne pourront être prises qu'à la majorité absolue des voix.

La présence de onze membres au moins est indispensable pour la validité des actes du Comité.

En cas d'empêchement constaté d'un ou de plusieurs membres, ceux présents pourront se compléter, en appelant à prendre part à leurs travaux un ou plusieurs membres suppléants, qui exerceront leurs fonctions jusqu'au retour des titulaires, ou jusqu'à ce qu'il soit procédé par l'Assemblée générale à une nouvelle élection.

Les décisions du Comité seront consignées sur un registre et signées par tous les membres présents.

Art. 19.

Le Comité de Direction élit dans son sein, à la majorité absolue des voix, quatre Agents spéciaux.

Art. 20.

Les attributions des quatre Agents spéciaux consistent dans l'exécution, chacun en ce qui le concerne, des décisions prises par le Comité de Direction.

Cependant, ils auront le droit de traiter directement et sans le concours du Comité, mais à la charge de lui en rendre compte, toute affaire dont l'importance n'excéderait pas 500 francs.

Art. 21.

Ces quatre Agents seront chargés spécialement, l'un

des achats, l'autre des ventes, le troisième de l'Administration, le quatrième de la direction du travail intérieur.

Art. 22.

Chacun de ces Agents sera investi par le Comité de Direction de l'autorité nécessaire pour diriger et faire exécuter les travaux compris dans ses attributions.

Au surplus, le Comité devra déterminer ;par écrit, et d'une manière précise, complète et formelle, leurs attributions et celles des fonctionnaires spéciaux de l'Association.

Art. 23.

Chacun des quatre Agents aura séparément la signature pour les actes dépendants de ses attributions.

Art. 24.

La durée des fonctions des Membres du Comité, et par conséquent des Agents, est fixée à une année.

A l'expiration de leurs fonctions il sera procédé, par l'Assemblée générale, soit à leur remplacement, soit à leur réélection, et le Comité procédera à l'élection des quatre Agents. Les Agents sortant pourront être réélus, s'ils font partie du nouveau Comité.

Art. 25.

Un Inspecteur sera nommé en Assemblée générale, et aura pour mission d'inspecter tous les travaux de l'Association, il devra en faire son rapport au Conseil général, qui se composera, savoir : du Comité d'Association, du Comité de Direction, des Chefs de Séries et du Conseil de famille. Ce Conseil devra se réunir au moins tous les quinze jours.

Art. 26.

Le Conseil aura le droit de révoquer tout Agent ou Employé qui serait convaincu de négligence ou d'incapacité ou de paresse dans l'exercice de ses fonctions, ou qui aurait compromis d'une façon quelconque les intérêts de l'Association ; mais la révocation d'un Agent ne pourra être prononcée qu'après la décision des deux-tiers au moins du Conseil.

Art. 27.

Aucun Membre employé, ou autre Associé, qui fera partie du Conseil, ne pourra gérer plusieurs fonctions dans l'Association.

TITRE IV.

DU CONSEIL DE FAMILLE.

Art. 28.

Le Conseil de Famille se compose de cinq membres, qui seront choisis, tant pour leur moralité bien reconnue, et leurs actions, que pour leur dévouement et leur sagesse.

Les Membres de ce Conseil seront élus par l'Assemblée générale d'après les formes indiquées Article 36. Ils exerceront leurs fonctions pendant trois mois, à l'expiration desquels il sera pourvu soit à leur remplacement, soit à leur réélection.

Art. 29.

Le sentiment de fraternité, l'esprit de conciliation devront guider les Membres du Conseil dans l'appréciation des faits qui leur seront soumis, pour ensuite les présenter à l'Assemblée générale, qui prononcera sur les infractions ou délits faits dans l'Association par l'un de ses membres.

TITRE V.

ASSEMBLÉES GÉNÉRALES ET ÉLECTIONS.

Art. 30.

Tous les trois mois, les Associés seront convoqués en Assemblée générale par le Comité de Direction.

1° Les inventaires leur seront soumis.

2° Ils adopteront ou rejetteront les conclusions du rapport qui leur sera fait sur lesdits inventaires, par les contrôleurs délégués, dont il sera ci-après parlé.

3° Ils pourront révoquer au scrutin secret les Membres

du Comité qui se trouveraient dans les cas prévus par l'Article 26.

4° Ils procéderont, d'après les formes indiquées, à l'élection des Membres du Comité, soit lors de l'expiration de leurs fonctions, soit en cas de démission ou révocation de l'un d'eux, ainsi qu'à l'élection des Membres du Conseil de Famille.

Art. 31.

Le Comité de Direction devra faire aux Associés, lors de chacune des Assemblées générales trimestrielles, un rapport exact et étendu sur la situation de l'Association et sur les chances de développement pour l'avenir.

Art. 32.

Les Associés, réunis en Assemblée générale trimestrielle, nommeront des délégués Contrôleurs, au nombre de cinq. Ces délégués auront pour mission de rectifier l'exactitude du rapport présenté par le Comité de Direction.

Art. 33.

Les délégués Contrôleurs devront rendre compte de l'examen fait par eux, du Comité, à une Assemblée générale qu'ils convoqueront à cet effet dans un délai de quinze jours après la présentation dudit rapport, sauf, en cas de nécessité, d'un plus long délai, ce dont ils devront justifier.

Art. 34.

Les fonctions de ces délégués Contrôleurs cesseront dès que le rapport aura été approuvé par l'Assemblée générale.

En cas de contestations sur ce rapport entre les délégués et le Comité de Direction, l'Assemblée seule sera juge. Elle pourra, si elle le croit nécessaire, nommer d'autres délégués contrôleurs, qui procéderont de la même manière que les premiers.

Art. 35.

Les Associés pourront demander la convocation de l'Assemblée générale extraordinaire, pour délibérer sur les intérêts de l'Association. Mais, pour que la convocation ait lieu, elle devra être demandée par le dixième au moins des Associés.

Art. 36.

La présence des deux-tiers au moins des Associés est indispensable pour la validité des décisions de l'Assemblée générale et des élections auxquelles elle devra procéder; dans le cas où après convocation régulière l'Assemblée ne serait pas en nombre, une seconde convocation aurait lieu, dans un délai de huit jours, et les décisions prises par l'Assemblée nouvellement convoquée seront valables, lors même qu'elle ne serait composée que de la moitié des Associés.

Si, lors des élections, des Membres du Comité, et après trois votes consécutifs, certains candidats ne réunissaient pas la majorité absolue des suffrages des Associés présents, ceux qui auront obtenu le plus grand nombre de voix seront élus.

Si deux candidats obtiennent le même nombre de voix, le sort en décidera.

TITRE VI.

DES INVENTAIRES ET SITUATIONS.

Art. 37.

Tous les mois, le Comité de direction établira, d'après les livres de comptabilité, la situation de l'Association, et aux mois de janvier et de juillet de chaque année, il dressera un inventaire de ses opérations.

Les inventaires seront dressés par tous les membres du Comité de direction, avec le concours des chefs de séries.

Ils procéderont tous ensemble et en personne, à la confection desdits inventaires, et signeront chacune des vacations aussitôt qu'elles seront closes.

Art. 38.

Pour prévenir toute erreur sur la situation réelle, on retranchera lors de chaque inventaire, cinq pour cent de la valeur du matériel, et l'on ne comprendra pas à l'actif réel toute créance exigible depuis six mois, ainsi que toute créance d'un recouvrement douteux.

TITRE VII.

RÉTRIBUTION DU TRAVAIL ET DE L'EMPLOI DES BÉNÉFICES.

ART. 39.

Chaque Associé est intéressé pour une part égale.

En conséquence les pertes seront réparties et supportées également.

ART. 40.

Chaque Sociétaire sera payé indistinctement.

ART. 41.

Le personnel employé au travail de l'Association se divise en deux catégories.

Dans la première sont tous les employés au magasin et aux retouches des vêtements confectionnés.

La seconde comprend tous ceux qui travaillent à la confection des vêtements.

ART. 42.

Des tarifs seront établis et adoptés en Assemblée générale, pour fixer les prix de la confection des vêtements, ainsi que le salaire des employés, qui sera en rapport avec la confection.

Les prix de chaque tarif devront toujours être basés d'après le temps jugé nécessaire à la confection. Ils devront aussi coïncider, de manière que les Associés, travaillant d'après les tarifs différents, soient également rétribués lorsqu'ils auront travaillé avec autant d'activité.

Les tarifs pourront être augmentés progressivement et proportionnellement à la situation des affaires de l'Association ; mais cette augmentation ne devra pas retarder sensiblement la formation ou l'accroissement des capitaux dont la destination est indiquée aux articles 50 et 51.

ART. 43.

Il sera fait une retenue de deux centimes par franc sur

le montant du travail de chaque Associé; la somme provenant de cette retenue sera versée, savoir ;

Moitié à la caisse sociale, et l'autre moitié à la caisse d'assistance fraternelle.

Art. 44.

Les quatre Agents auront droit, en outre de leur rétribution quotidienne, à une indemnité en raison des dépenses que leurs fonctions rendront indispensables. Le chiffre de cette indemnité sera fixé en Assemblée générale.

Tout Associé, qui par suite des fonctions qui lui seront confiées, sera obligé de faire certaines dépenses extraordinaires, aura également droit à des indemnités dont le chiffre sera fixé par le Comité de direction, d'après les bases posées dans le Règlement.

Art. 45.

Les bénéfices constatés par les inventaires, seront employés, savoir :

Deux tiers à l'accroissement du capital social,

Et le dernier tiers, à la formation et à l'accroissement d'un fonds de réserve, qui portera le nom de Caisse d'assistance fraternelle.

Art. 46.

Tout Associé qui décéderait pendant le cours de l'Association, et tout Associé qui s'en retirerait pour une cause quelconque, sera réputé couvert et rempli de l'intégralité de ses droits.

En conséquence, ils ne pourront ni les uns ni les autres, ni leurs héritiers ou représentants, rechercher l'Association, en aucun cas et sous aucun prétexte, pour autre chose que ce qui pourra leur rester dû sur la rétribution du travail fait pour l'Association.

TITRE VIII.

CAISSE DE SECOURS DE L'ASSOCIATION.

Art. 47.

L'Association fonde, à perpétuité, au profit de ses Membres, une Caisse d'assistance fraternelle.

Art. 48.

Le fonds de dotation de cette Caisse, se composera :

1° De un pour cent fait sur tous les salaires accordés dans l'Association ;

2° D'un tiers des bénéfices faits sur les produits de l'Association ;

3° Des amendes qui pourront être prononcées, soit par l'Association, soit par le Comité directeur, contre les Sociétaires, pour manque de service ou infractions au Règlement.

Art. 49.

Un Conseil spécial, élu par l'Assemblée générale, sera chargé spécialement de tout ce qui se rattache à la disposition des fonds de ladite Caisse.

Art. 50.

L'époque de la mise en activité de cette Caisse sera déterminée en assemblée générale.

Jusque là les fonds de ladite Caisse, qui y sont affectés, resteront dans l'Association et serviront à l'extension des affaires. Il en sera fait une comptabilité exacte.

Art. 51.

Les fonds de la Caisse d'assistance fraternelle, seront destinés à venir en aide aux Associés malades ou infirmes, ou victimes de malheurs réparables ; à venir également en aide aux veuves et enfants des Associés et aux orphelins, ainsi qu'à toutes personnes avec lesquelles les Associés seront ou auront été étroitement unis par les liens les plus vrais, les plus sacrés. A servir des pensions de retraite aux vieillards ayant fait partie de l'Association pendant cinq ans au moins.

Enfin, il devra être pourvu autant que possible, avec les fonds de la Caisse d'assistance fraternelle, aux besoins impérieux et exceptionnels des Associés et de ceux qui leur seront chers, mais à la condition toutefois que ces besoins seront régulièrement constatés.

TITRE IX.

DISPOSITIONS GÉNÉRALES.

ART. 52.

Pour les achats de matériel et marchandises, ainsi que tous autres produits qui pourront être nécessaires aux Associés, le Comité de Direction devra traiter de préférence avec les Associations d'ouvriers, qui sont ou seront constituées.

Les Agents seront autorisés par le Comité de Direction, à opérer autant que possible, par voie d'échange, des produits de ces Associations contre ceux de l'Association des Tailleurs.

ART. 53.

Le Comité de Direction devra toujours opérer le placement des Capitaux non employés, en sorte de contribuer au développement des Associations d'ouvriers.

ART. 54.

Le Comité de Direction est autorisé d'accepter toute donation, legs et dons de quelle nature qu'ils soient, qui pourraient être faits à l'Association soit par des Associés, soit par des personnes étrangères à l'Association, mais, bien entendu, après en avoir obtenu l'autorisation du Gouvernement.

ART. 55.

Le Comité de Direction devra étudier et réaliser le plus promptement possible, mais dans les proportions des ressources de l'Association, tous les moyens d'améliorer la condition de l'Association, en ce qui concerne l'habitation, la subsistance, et autres besoins de la vie. Ces améliorations ne seront réalisées toutefois, qu'après l'approbation des deux-tiers au moins des Associés.

ART. 56.

Lorsque les bénéfices de l'Association le permettront, un cours professionnel sera organisé dans l'intérêt des

Membres de l'Association. Il y sera traité des divers articles et spécialités de notre industrie ; on y adjoindra un cours de science élémentaire d'histoire et de morale. En outre, à tour de rôle, chaque ouvrier sera tenu de séjourner au magasin pour se mettre au courant du commerce et d'en observer toutes les opérations.

Art. 57.

L'Association ne pourra être dissoute que par l'expiration du terme assigné à sa durée.

En conséquence, le décès, la retraite volontaire, et toute autre cause sans distinction qui serait le fait d'un ou de plusieurs Associés, ne pourra jamais entraîner la dissolution de l'Association.

Art. 58.

Le présent Acte d'Association est susceptible de révision toutes les fois que la majorité des Membres composant l'Association le jugera nécessaire.

Les Membres de la Commission :

BORIN.
TROUILLET.
GIROUD.
LOUIS fils.
GÉNIOLE.

Lyon, le 1er Avril 1849.

Croix-Rousse. — Impr. de Th. Lépagnez, petite rue de Cuire.